I0711730